AF562624

# IDÉES GÉNÉRALES

A

# MES CONCITOYENS.

LONS-LE-SAUNIER,

DE L'IMPRIMERIE DE COURBET.

1843.

# IDÉES GÉNÉRALES.

Liberté, vérité, utilité, voilà les caractères de l'esprit philosophique, voilà la devise du philosophe. Ainsi, tout ce qui intéresse la félicité humaine entre dans son département; la politique et la morale constituent son domaine, c'est surtout de ces sciences que dépend le bien-être des nations. Le vrai et l'utile sont les signes uniques auxquels la philosophie consent à s'arrêter; c'est d'après cette mesure invariable qu'elle juge tous les objets, qu'elle les approuve ou les rejette, qu'elle les estime ou les méprise.

*(Un essai sur les préjugés.)*

MESSIEURS,

Chaque génération a eu ses passions, ses abus et ses préjugés; mais chaque génération aussi, malgré ses tourmentes politiques continuelles, s'est plu à proposer, d'après le caractère qui lui appartenait, des améliorations sociales que les législateurs, pénétrés de l'amour du bien public, ont sanctionnées pour le bonheur des générations futures.

La société de notre époque est tellement minée à sa base par le principe d'égoïsme, qu'elle en est arrivée à se familiariser avec ce principe funeste qui sera peut-être (si l'on n'y porte pas remède) la cause malheureusement trop vraie d'une convulsion générale dans un temps peu éloigné.

L'influence de différentes conditions les unes sur les autres est encore une cause première du malaise général que nous éprouvons; c'est par un système progressif des intérêts généraux (l'association) qu'on pourrait éviter les résultats d'une mauvaise influence, résultats qui deviennent toujours très-funestes pour tous les citoyens. Les sentiments élevés, les opinions résolues et toutes de convictions, et le germe d'activité de la masse plébéienne sont souvent détruits par le contact d'hommes pervers, animés de principes de terreur ou d'intimidation, d'hypocrisie, d'intrigue, d'indifférence, d'oisiveté et de peur.

Il est du devoir de chaque citoyen vertueux de coopérer, suivant ses capacités et son expérience, à de bonnes institutions, en mettant à profit les conseils salutaires des hommes habiles et dévoués aux intérêts généraux de leur pays ; par là, il est possible de remédier au système de corruption, d'égoïsme et de crainte, qui peut devenir fatal à la génération actuelle.

Malgré les passions qui sont essentielles au tout humain, je ne désespère pas, Messieurs, de voir notre société animée d'un meilleur esprit de concorde, de sentiment d'humanité ; je fais un appel aux nobles cœurs, aux dévouements sublimes, aux résolutions actives, aux fermetés inébranlables. Que mon pays me sache gré de mes paroles sincères, et daignent mes concitoyens m'entendre ; car le moment peut arriver où la patrie, au milieu de ses dissensions, aura besoin de leur coopération.

Je crois devoir, dans l'intérêt de mes semblables, citer quelques pensées de Dumarsais ; je m'écrierai comme lui : « Consolons l'homme, ne l'insultons, ne le méprisons jamais ; inspirons-lui, au contraire, de la confiance ; apprenons-lui à s'estimer, à sentir sa propre valeur ; donnons de l'élévation à son ame ; rendons-lui, s'il se peut, le ressort que tant de causes réunies s'efforcent de briser. La vraie sagesse est courageuse et mâle : ses leçons ne sont point faites pour emprunter le ton impérieux de la superstition dont le but ne semble être que de consterner, d'avilir, d'anéantir l'esprit humain. Si le philosophe a de l'énergie et de la chaleur dans l'ame, s'il est susceptible d'une indignation profonde, qu'il s'irrite contre les mensonges dont son espèce est la victime; qu'il attaque avec force les préjugés qui sont les vraies sources de ses maux; qu'il détruise dans l'opinion de ses semblables l'empire de ces prêtres et de ces tyrans qui abusent de son ignorance et de sa crédulité; qu'il jure une haine immortelle à la superstition qui, tant de fois, fit nager la terre dans le sang; qu'il jure une inimitié irréconciliable à cet affreux despotisme qui, depuis tant de siècles, a fixé son trône au milieu des nations éplorées. S'il se croit éclairé, qu'il instruise les autres; s'il est plus intrépide, qu'il leur suggère les moyens de se mettre en liberté; qu'il les détrompe de leurs prétentions avilissantes, et bientôt les chaînes forgées par l'opinion tomberont de leurs mains. Insulter des malheureux c'est le comble de la barbarie; refuser de tendre la main à des aveugles, c'est le comble de la dureté; leur reprocher avec aigreur d'être tombés dans l'abîme, c'est unir la folie à l'humanité. » (1)

(1) Voyez dans la Fontaine la fable du maître d'école et de l'enfant qui se noie, livre premier, fable 19.

Ainsi, après avoir répété quelques pensées d'un homme de bien, qui a voulu le bonheur de ses semblables à une époque où la France était tourmentée par de faux principes et les disputes continuelles de ses philosophes (en 1756), je reviens au mode que je me propose de présenter et de développer aux différents magistrats et administrateurs de la France, car c'est à eux qu'il appartient d'entraîner l'élan des populations au bien, et affermir ou ranimer par leurs exemples, par leurs conseils, et par de la prudence dans leurs actes tous les citoyens.

Dieu me garde de vouloir leur dicter des lois! Les sages théories des anciens et des nouveaux législateurs sont assez fortes et puissantes; le concours des hommes éclairés du siècle peut encore être et sera toujours un puissant auxiliaire pour l'avenir.

Messieurs, des commissions nommées annuellement par le peuple ou par les membres des nombreuses sociétés et corps-d'état qui existent ou qui pourraient exister en France, afin de modifier les abus, et composées d'hommes les plus exemplaires, les plus vertueux, les plus énergiques de chaque localité, réunissant les capacités nécessaires de science, de droit, de connaissances administratives, d'agriculture, de commerce, d'arts et métiers pour remplir le noble but d'instruire leurs semblables ; ces commissions, dis-je, me paraissent le moyen le plus sûr pour réprimer les fautes des fonctionnaires, les excès des passions, les vices des diverses sociétés, les abus qui se répandent très-souvent dans l'instruction, l'intolérance fanatique du parti clérical, l'habitude de passer tout son temps dans les lieux publics. Cette habitude n'est-elle pas devenue une passion de notre époque, et n'engendre-t-elle pas des défections continuelles dans toutes les branches de la société ?

Après des concours généraux qui auraient lieu tous les ans, les membres de ces commissions, investis de la confiance de leurs concitoyens, institueraient dans leur sagesse des assemblées ou écoles pour tous les âges, où l'individu vicieux pourrait peut-être se corriger, chercherait des connaissances en harmonie avec ses goûts d'industrie, et serait forcé, par l'exemple, de maîtriser ses mauvais penchants ; ou celui qui a le bonheur de posséder les qualités du cœur et l'instinct des grandes choses, se fortifierait, se développerait sensiblement à l'étude de la société, et à l'activité continuelle qu'elle présente.

Le but de ces commissions, Messieurs, serait aussi d'entretenir parmi ces divers sociétés et corps-d'état, une harmonie d'autant plus nécessaire, que cette harmonie les fortifierait (ces sociétés et ces corps-d'état) contre les envahissements et les habitudes corrompues du pouvoir.

N'avons-nous pas appris à de certaines époques de notre législation, que des corporations industrielles se sont formées pour soutenir leurs droits et faire comprendre aux rois et à leurs partisans que lorsqu'ils négligeaient les intérêts nationaux il en résultait toujours avec le temps des secousses intérieures dans le pays, qui leur faisaient perdre des priviléges acquis par des promesses mensongères, des exactions et des violences.

Ne voyons-nous pas de nos jours la presse (mais la presse indépendante), malgré ses discussions et des lois malheureuses qui la font souffrir, ramener tous les citoyens aux réformes utiles et citer, pour nous servir d'exemple, l'histoire d'anciennes corporations industrielles sous différents règnes (1).

Elle fait un appel à tous les hommes occupés sérieusement d'améliorer le sort des classes laborieuses; elle engage donc tous les membres de chaque société à s'unir à ses efforts, puisque de

(1) Le *Siècle* du 10 avril 1843.

la ferme volonté qu'ils prendront dépendra le bonheur de la France.

Messieurs, ne savez-vous pas que l'union fait la force, qu'elle empêche de tomber dans l'anarchie, qu'elle améliore l'agriculture, qu'elle soutient le commerce, qu'elle active l'industrie, qu'elle corrige ce caractère de vénalité qu'enfante la spéculation, qu'elle développe dans l'esprit d'un peuple le goût des sciences et des arts, et qu'elle le forme progressivement aux bonnes institutions?

Oui, Messieurs, c'est par des institutions sages et puissantes que la France conservera son honneur et s'acquerrera l'estime des nations: nous ne pouvons, dans la position où nous sommes maintenant, rester indifférents aux élans généreux que ces institutions doivent inspirer, et tôt ou tard tous les peuples en obtiendront de puissants résultats. Ne nous laissons donc pas devancer par nos voisins; car malheur aux peuples qui ne s'estiment plus! le démembrement et l'infamie sont bientôt le partage de leurs faiblesses.

Citoyens soldats, soldats citoyens, relevez-vous! Sachez conserver votre dignité, si vous voulez qu'on vous respecte; réfléchissez à la conduite de vos devanciers; joignez-vous à la marche résolue des hommes dévoués de notre époque et qui se sacrifient pour vos intérêts et votre honneur. Vous ne voulez pas tomber dans la barbarie, citoyens, eh bien! l'oubli de vos droits, de votre éducation, vous y entraîne.

Le développement des lumières est la seule marche à suivre pour arriver à d'heureux résultats; mais il faut un zèle tout particulier pour entretenir les esprits dans cette pensée, dans cette pratique continuelle de l'instruction et de la morale.

Dans les villes et dans les campagnes, l'esprit du peuple est encore porté au fanatisme, à l'intolérance, et les hommes qui l'entraînent à de faux principes devraient mieux comprendre leur ministère. Bon nombre de communes sont malheureusement sous l'influence de ces hommes imbus de vieux préjugés, qui ne se plaisent que dans l'égoïsme et dans leur ambition orgueilleuse; leur propagande n'est empreinte que des vieilles idées théologiques, et ils n'agissent que par l'esprit de terreur; au lieu de ramener les habitants à leur dignité, à eux-mêmes, ils les entraînent souvent, sous des dehors de religion, dans l'asservissement et à la perte de leurs droits.

Toute ame généreuse qui est à la recherche de la vérité, est indignée de leur conduite, et ne doit pas se lasser d'en critiquer les excès. Un jour viendra, il faut l'espérer pour le bonheur des peuples, et les gouvernements le comprendront enfin, que le remède le plus certain aux nombreux abus qui existent dans les lois du sacerdoce catholique, sera la réforme du célibat avec la confession; les lois de la nature et de la morale ne la commandent-elles pas? Et cette réforme serait un remède efficace au soulagement de l'humanité et un acheminement au progrès. N'est-ce donc pas le cri des consciences?...

La France, Messieurs, ne trouverait-elle pas aussi un bien immense dans la création de ces commissions d'hommes éclairés et vertueux? et ses habitants ne s'énorgueilliraient-ils pas d'institutions utiles qui leur profiteraient toujours?

Dans chaque ville, où l'amour-propre se fait sentir davantage, et où il est même un moteur très-puissant, les magistrats chargés de la direction des affaires ne devraient-ils pas agir avec plus de conscience et suivre l'intérêt général, chose qu'ils font rarement à notre époque: les peuples en seraient plus heureux, plus estimés, et le respect qu'ils inspireraient n'éviterait-il pas des calamités sans nombre?

« Enfin l'homme sage, occupé du vrai, et qui ne peut trouver du goût que dans ce qui est conforme à la nature, consentira-t-il à faire cas de ces productions bizarres du luxe et de la fantaisie, dans lesquelles il voit les arts soumis aux caprices de la mode, au faux goût du siècle, à la frivolité?

« Voulez-vous mériter les suffrages de la sagesse ; poètes, peignez-nous la nature, ses trésors sont inépuisables ; embellissez la vérité, montrez-la par ses côtés les plus aimables ; voilez quelquefois ses appas sous les ombres de la fiction, afin de les rendre plus neufs, plus piquants, plus variés. Orateurs, foudroyez le mensonge, montrez la vérité ; donnez-lui de la noblesse et de l'énergie, rendez-la touchante et pathétique ; qu'en parlant à l'imagination elle devienne plus séduisante et plus persuasive. Historiens, peignez avec force et vérité les délires des rois, les dangers du despotisme, les fureurs des conquêtes, les folies de la guerre, les extravagances du fanatisme, les abus du gouvernement, les dangereux effets des préjugés. Auteurs dramatiques, que vos tragédies effraient le crime, qu'elles attendrissent en faveur de la vertu dans la détresse ; qu'elles inspirent la haine de l'oppression et l'amour de la liberté ; qu'elles combattent les folies humaines ; qu'elles forcent le spectateur à rire de ses propres faiblesses et à s'en corriger. Romanciers, intéressez-nous par l'innocence ; montrez-nous dans vos fictions le charme de la vertu, les dangers des passions; qu'en amusant elles gravent la vérité dans nos cœurs. Artistes, enfants de la peinture et de la sculpture, consultez la nature, peignez-la fidèlement; saisissez l'homme dans l'instant où il peut nous faire méditer et rentrer en nous-mêmes; instruisez-nous par les yeux. C'est alors que le sage applaudira vos talents divers; il estimera vos ouvrages, il en sentira l'utilité. Si l'esprit philosophique guidait les talents et les arts, toutes leurs productions ramèneraient les hommes à l'utilité, au bonheur, à la vertu. » (*Un essai sur les préjugés.*)

Professeurs de toutes classes, ne sentez-vous pas la nécessité d'introduire un progrès dans l'instruction, et ne devez-vous pas comprendre que la société marche dans cette voie? Non, ne suivez plus une théorie spéculative. Demandez à grands cris au gouvernement une loi dans l'intérêt général qui affermisse l'instruction pour tous les citoyens : votre amour-propre y est engagé. et combien ne seriez-vous pas appréciés aux yeux du monde et de la postérité! car c'est à vous qu'appartient aussi cette tâche; et la patrie, pour la gloire de laquelle vous travailleriez, vous en serait, soyez-en convaincus, très-reconnaissante. Honneur donc à vous, si vous remplissez noblement cette grande tâche!

Messieurs, ne vous laissez pas entraîner aux paroles artificieuses des intrigants, jaloux de votre dignité, de vos droits, de vos intérêts; écoutez les conseils sincères de vos mandataires qui joignent l'exemple aux paroles, en travaillant à votre bonheur.

Ralliez-vous donc, je vous en conjure, à vos concitoyens dont les sentiments sont nobles et dévoués: la patrie réclame votre appui !....

B. Clory.

Lons-le-Saunier, Imprimerie de Courbet.

www.ingramcontent.com/pod-product-compliance
Lightning Source LLC
LaVergne TN
LVHW010337230826
846091LV00009B/3904

*9782019253257*